# LETTRE

A

# M. DE MARNAS

PROCUREUR GÉNÉRAL A LA COUR IMPÉRIALE

PAR

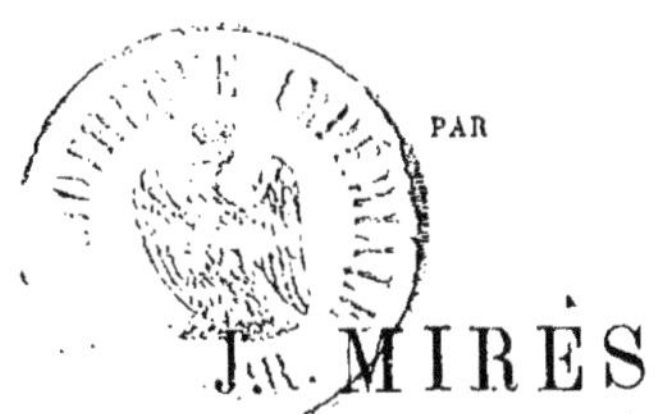

J. MIRÈS

PARIS

IMPRIMERIE VALLÉE, 15, RUE BREDA

1866

LETTRE

A

# M. DE MARNAS

PROCUREUR GÉNÉRAL A LA COUR IMPÉRIALE

PAR

J. MIRÈS

Monsieur le Procureur général,

Inquiété par l'annonce vraie ou fausse d'une nouvelle aventure judiciaire, je prends la liberté de m'adresser directement à vous. Un entretien privé vous persuaderait, je n'en doute pas, mais j'ai besoin que votre conviction soit partagée par tous.

En ce moment, pour me compromettre auprès du corps judiciaire, on fait circuler dans le monde et dans les journaux, que je vais être poursuivi à l'occasion des bruits injurieux, récemment répandus contre un magistrat, au sujet de la mort de sa femme.

Voici ce qu'on lit dans la *Gazette du Midi* :

« Le magistrat, sur lequel on avait fait courir le bruit qu'il avait étranglé sa femme en chemin de fer, veut, dit-on, comprendre dans les poursuites qui doivent avoir lieu, un célèbre financier qui aurait raconté publiquement cette fausse nouvelle dans le foyer de l'Opéra. »

Pendant que cette calomnie fait son chemin, je suis assailli de communications officieuses, qui m'avertissent que l'enquête annoncée est ouverte et qu'elle est dirigée contre moi.

Ces rumeurs sont-elles fondées? Je l'ignore, aucun avis officiel ne les a confirmées ni démenties; toutefois je ne puis oublier l'origine de mes malheurs; je sais les dispositions à saisir toutes les occasions de nature à aggraver un état d'antagonisme qu'on a créé, et qu'on voudrait entretenir ; voilà le but.

Dans ce propos qu'on m'impute, je reconnais les tendances que je signale ; ce n'est pas la première fois qu'une enquête a été provoquée et faite contre moi ; et le récit suivant vous montrera à quel degré d'aberration peuvent être entraînés les hommes, lorsque leur esprit est envahi par la prévention.

§

En août 1862, le tribunal civil jugeait le procès fait à M. de Pontalba pour l'obliger à rendre aux actionnaires, ses pupilles, la somme d'environ deux millions, qu'il leur avait extorquée, vous savez dans quelles circonstances.

Les protecteurs de M. de Pontalba espéraient amoindrir leur responsabilité engagée, en faisant juger ces deux points : Que M. de Pontalba avait des droits à la somme touchée, et que moi, l'ayant payée pour me sauver, je devais dès lors être garant envers les actionnaires.

Pour faciliter cette œuvre confiée au Tribunal, il fallait relever moralement M. de Pontalba du discrédit où il était tombé. Or il y avait eu un fait gênant; c'était son expulsion du Jockey-Club.

Les membres les plus honorables de ce cercle, connaissant la conduite de M. de Pontalba, avaient hautement manifesté la volonté de l'exclure de leur société. Celui-ci averti par M. X. se hâta de donner sa démission pour conjurer la résolution qui allait être prise.

Cela se passait dans les premiers mois de 1861 ; le procès criminel commençait et tous les membres du Conseil de surveillance étaient compris dans les poursuites, comme civilement responsables des dividendes distribués.

M. X., dans l'intérêt de M. de Pontalba, son ami, exprima l'avis que M. le comte Siméon donnât sa démission, puisqu'il était cité en qualité de Président du conseil de surveillance.

M. le comte Siméon, en véritable gentilhomme, alla au-devant de toutes les objections. Au premier mot, il déclara qu'il cessait de faire partie du cercle.

On ne pouvait confondre le caractère de ces deux démissions; l'opinion ne s'était pas trompée, elle les avait appréciées, en qualifiant d'expulsion celle de M. de Pontalba.

§

Plus d'un an s'était écoulé depuis ces faits, lorsque, je le répète, se jugeait en août 1862 le procès en restitution intenté à M. de Pontalba.

A ce moment, il s'agissait de rebadigeonner son honneur, en atténuant le fait connu de l'expulsion. Voici ce qui arriva :

Le matin même, où l'avocat opposé à M. de Pontalba allait conclure, il reçut une prétendue lettre du Président du cercle, qui lui disait que M. de Pontalba en avait été chassé.

Qui donc avait fabriqué cette lettre? — Vous pouvez le deviner.

L'avocat en donne publiquement connaissance à la barre même du Tribunal. Me Sénard, le défenseur de M. de Pontalba, fait ce qu'on appelle au palais un éclat d'audience : il jure qu'il n'y a jamais eu d'exclusion ; il affirme avec chaleur que M. de Pontalba a donné sa démission absolument comme le comte Siméon.

Le but que M. de Pontalba et ses protecteurs recherchaient est atteint. Chacun apprend ainsi que le bruit répandu de son expulsion n'est pas fondé ; qu'il s'est retiré, comme M. Siméon. Mais qui donc pouvait, dans ce moment, rappeler que M. de Pontalba avait subi une impérieuse nécessité, tandis que M. Siméon n'avait obéi qu'à un sentiment de délicatesse?

Celui qui se fût avisé de rétablir la vérité, on l'eût certainement accusé d'être le faussaire, l'auteur de la lettre.

Pour compléter la manœuvre, l'avocat de M. de Pontalba, prenant sous sa protection l'honneur de son client, demande ardemment que des poursuites criminelles soient exercées contre l'audacieux faussaire ; le Tribunal les ordonne, et la pièce est jouée !...

Grâce à cette comédie, à cette espèce de réhabilitation éphémère, M. de Pontalba espère avoir suffisamment préparé les voies au jugement favorable qu'il attend, et que l'avocat des Liquidateurs, en pleine audience, a avoué attendre comme lui !...

Mais la combinaison organisée contre moi et contre les actionnaires fut déjouée. M. de Pontalba fut condamné à rembourser la somme qu'il avait obtenue, dit le jugement, par la fraude et la violence.

Quant à la lettre, le Tribunal ayant ordonné que l'auteur fût poursuivi, le Parquet ordonna une instruction, et un juge fût nommé à cet effet.

§

Ici apparaît la prévention contre moi. Vous savez, Monsieur le Procureur général, ce grand principe : « que celui auquel profite un crime est présumé en être l'auteur. »

Dans l'espèce, la lettre ne pouvait avoir été écrite ni dans mon intérêt, ni dans celui des actionnaires, car M. de Pontalba exclu du cercle, qu'importait au procès?

Pour M. de Pontalba, au contraire, la différence était capitale; il avait le plus grand intérêt à effacer cette tache d'exclusion, au moment surtout où il espérait en gagnant le procès qui était engagé, échapper à une restitution et à la flétrissure qui le menaçaient.

Mais voyez, monsieur le Procureur général, quelle est, à mon égard, la prévention de certains esprits! Toute l'instruction à laquelle cette fraude a donné lieu, n'a été dirigée que contre moi. On a entendu des témoins par douzaine, et des experts ont été chargés de rapprocher mon écriture de celle du faussaire!...

Cette instruction a duré longtemps, et quoique j'en fusse seul l'objet, jamais un avis quelconque ne m'en a averti, jamais je ne fus appelé.

Vous comprenez, monsieur le Procureur général, qu'en présence de la menace d'une enquête nouvelle ce précédent doit me préoccuper.

§

Je ne sais quel fondement ont les rumeurs que j'ai signalées; je ne sais s'il y a enquête, ni si elle est effectivement dirigée contre moi; mais je ne puis dégager mon esprit d'un passé qui m'étreint encore, et je ne puis oublier notamment, que le fait de propager de fausses nouvelles n'est pas soumis à la Cour d'assises, comme les *faux*, qu'il est du ressort correctionnel, et que devant cette juridiction, les garanties de libre défense sont réduites à de très-faibles proportions.

J'ai donc le plus grand intérêt à empêcher l'opinion publique d'être égarée; elle le serait infailliblement si je n'intervenais pas. Les hommes qui ont, en 1860, préparé les poursuites où ma fortune a péri, et où l'on voulait faire périr mon honneur, me désignent constamment comme ennemi de la magistrature; ils travaillent sans relâche à persuader qu'en me défendant contre certains actes, je veux porter atteinte à la dignité et à la considération du corps judiciaire.

Non, monsieur le Procureur général, je ne poursuis pas un semblable but. Conservateur par caractère, je suis convaincu que le respect de la magistrature est nécessaire au salut de la société; je pense comme M. le Garde des sceaux dans un rapport récent, que le corps judiciaire, par la nature de sa mission, constitue un troisième pouvoir dans l'État; mais je crois aussi que ce pouvoir, pour rendre à la société tous les services dont elle a si grand besoin, ne doit jamais, par esprit de corps, être entraîné à défendre des actes téméraires, sous prétexte de couvrir, dans un de ses membres, sa propre dignité.

La faillibité de l'esprit humain fait excuser quelquefois les erreurs judiciaires, mais elles cessent d'être excusables et deviennent des calamités publiques lorsque les magistrats, pour maintenir certaines décisions, refusent avec persistance à un accusé, ou à un simple prévenu, ou même civilement, tout examen contradictoire et la faculté de faire la lumière.

Voilà quels sont mes sentiments, et je l'avoue, je serais heureux d'obtenir justice, non pas seulement pour le repos dont je jouirais enfin, mais encore parce qu'ainsi finirait une lutte où j'éprouve encore plus de regrets, que je n'y affronte de périls.

§

Arrivant à l'objet principal de cette lettre, je dois vous faire connaître dans quelles circonstances j'ai entendu, pour la première fois, le bruit qui occupe l'opinion et qui a si justement ému la magistrature.

Par une singulière coïncidence, c'est encore à l'occasion du procès Pontalba que je puis vous prouver l'inutilité d'une enquête contre moi.

Le procès dont je parlais plus haut et perdu par Pontalba en 1862, a dormi longtemps, grâce aux Liquidateurs. En 1864, le 5 février, la veille de l'assemblée des actionnaires, les Liquidateurs, par un abus de pouvoir inqualifiable, ont bâclé avec la famille Pontalba une transaction désastreuse pour les actionnaires. A cette famille, riche de plus de vingt millions, ils ont fait l'abandon de la créance sociale ! Ils ont ainsi frustré les actionnaires d'environ 1,700,000 francs. J'ai protesté contre cette transaction, je l'ai attaquée et la Cour, reconnaissant mes droits, a déclaré par un arrêt : « Qu'étant nanti de condamnations » contre M. de Pontalba, les Liquidateurs n'avaient pu transiger sans » mon concours. »

Par un revirement incompréhensible la Cour, quelques jours après, me faisait perdre le procès que j'avais gagné, en approuvant la transaction faite par les Liquidateurs.

Ne voulant pas envenimer une situation déjà très-tendue, je n'en dirai pas davantage sur ce point, je me borne à faire connaître que pour avoir défendu les intérêts des actionnaires, la Cour m'a *personnellement* condamné aux frais qui se sont élevés à plus de 15,000 francs !

Pour le payement de ces frais, je suis violemment poursuivi; quelques avoués qui ont occupé pour la famille Pontalba ont opéré la saisie de mes meubles, puis ils l'ont transformée en saisissant mes loyers ; d'autres avoués ont persisté dans la saisie et la vente de mes meubles ; bref, j'ai été abreuvé de toutes les humiliations pour avoir accompli mon devoir ; j'ai fait la douloureuse expérience de cette triste vérité : Malheur aux vaincus !...

Celui des avoués qui, à la saisie de mes loyers a préféré la vente de mes meubles, a indiqué le lundi 5 février pour en opérer l'enlèvement et la vente. Ce jour en effet l'huissier M. X. se présenta pour enlever les meubles et les faire porter à la salle des commissaires-priseurs.

Ne voulant céder qu'à la force, je m'opposais aux actes de l'officier ministériel ; il fut obligé de requérir l'assistance du commissaire de police ; M. Bellenger intervint pour faire exécuter l'arrêt.

Dans ce même moment, pendant qu'on chargeait les objets saisis, je reçus une lettre qui m'annonçait les soupçons qui atteignaient un magistrat à l'occasion de la mort de sa femme.

Je donnai lecture de cette lettre aux personnes présentes, parmi lesquelles était, je le répète, M. Bellanger; toutefois un sentiment de réserve dont je ne veux nullement me faire un mérite, me fit taire le nom du magistrat inséré dans la lettre ; mais l'un de mes interlocuteurs remplit cette lacune en disant le nom du magistrat que je n'avais pas articulé et en ajoutant, que ce bruit circulait déjà depuis plusieurs jours; voilà comment je l'appris pour la première fois.

Le soir avait lieu à l'Opéra-Comique une première représentation. — Vous savez le personnel ordinaire de ces soirées; on s'entretenait de cette affaire, et plusieurs personnnes disaient aussi la connaître depuis quelque temps.

Voilà la vérité. Ce bruit n'étant pas fondé, il est très-regrettable qu'il ait circulé; mais quant à moi, si j'en ai pu causer comme tout le monde, je n'ai en rien participé à sa création.

Ne pensez pas, monsieur le Procureur général, que je m'interdise toute parole à l'adresse des hommes qui m'ont injustement frappé; la lutte continuant contre moi, je me crois dans le cas de légitime défense, lorsqu'ayant dans mes mains la preuve certaine, indiscutable de leur indignité, je la divulgue.

Je n'ai pas la prétention de ne jamais perdre patience, et j'avoue encore que je me plains souvent et très-haut, des procédés de toute nature dont on use à mon égard; je dis, que persécuter injustement un homme, ruiner sans motif des milliers de familles, sont des torts inexcusables. Mais que justice me soit faite et cette irritation tombera; elle cessera devant l'intérêt, si cher pour moi, de mes actionnaires, que je ne puis servir qu'au moyen d'un apaisement général.

§

Vous me pardonnerez M. le Procureur général de saisir l'occasion de vous dire un mot sur ma situation judiciaire; cette explication pourra n'être pas sans intérêt pour la bonne administration de la justice.

De cette myriade de procès de toute nature qui ont surgi, vous remarquerez que je n'en ai fait aucun; je les ai tous subis; je n'ai jamais fait que me défendre.

Actuellement il n'en reste que deux, l'un et l'autre entre les Actionnaires et moi unis dans un même intérêt, contre les Liquidateurs complétement isolés et ne représentant rien, puisque la Société n'a point de créanciers.

Quand je dis qu'ils ne représentent rien, je me trompe; ils représentent leur propre intérêt, ou les hommes qui, depuis cinq ans, poursuivent avec persévérance ma ruine et celle de mes actionnaires.

Ces deux procès avec les liquidateurs sont relatifs, l'un à leurs fonctions, dont nous voulons la fin ; l'autre à mon compte personnel, dont nous voulons le règlement au moyen d'une loyale expertise.

Pour le premier de ces procès, la Société n'ayant pas de créanciers, les actionnaires ont demandé la fin du séquestre, en d'autres termes : la retraite des Liquidateurs; cette demande a été faite au moyen d'une pétition à l'Empereur, et vous savez que Sa Majesté, trompée par une allégation inexacte, a été entraînée à rejeter une pétition qu'Elle aurait favorablement accueillie, si la vérité avait été franchement exprimée.

Le second procès, celui relatif à mon compte, présente ce caractère curieux à plus d'un titre : c'est que les Liquidateurs me demandent *publiquement quinze à vingt millions*, pendant que *secrètement*, dans le silence du cabinet, ils font à votre représentant, l'aveu officiel que leurs réclamations *se réduisent à* 800,000 *francs.*

Or, ce chiffre de 800,000 fr. ne peut être invoqué comme résultant d'une difficulté quelconque de recouvrement, puisque les Liquidateurs ont saisi et détiennent à mon préjudice plus de deux millions.

Autre particularité : ces réclamations ont été soumises à un débat contradictoire, avec les actionnaires, devant un tribunal arbitral composé de MM. Berryer, Marie et Carré, et il a été constaté que loin d'être débiteur, j'étais créancier de plus de 1,300,000 francs, dont j'ai fait l'abandon à mes actionnaires !

Je ne m'arrêterai pas à l'outrecuidance des Liquidateurs armés d'un rapport et d'un jugement par *défaut*, qui *exigent impérieusement de la Cour* qu'elle rende, sans examen et sans contrôle, un arrêt qui sanctionne leurs mensonges. Je me borne à vous faire remarquer, que la Cour, pour juger, étant en présence d'éléments si opposés et tous puisés dans une volumineuse comptabilité, sera forcément entraînée à ordonner une expertise contradictoire.

Comment et par qui cette expertise sera-t-elle faite ?

Si elle est confiée aux agents ordinaires de la justice, je ne pourrais les accepter, car ils seraient pris nécessairement dans la catégorie où figurent les sieurs Monginot, Riollet, Bordeaux et Richardière et les anciens débats renaîtraient plus irritants que jamais. Ces procès déplorables pour tous, ruineux pour les actionnaires, n'auront donc plus de fin, car je ne m'exposerai pas une seconde fois au rapport d'un second Monginot.

Tout le monde est pour moi, quand répudiant ces vulgaires agents, je demande une loyale expertise. Seuls les Liquidateurs s'y opposent ! Ce n'est donc pas moi qui prolonge la lutte, je la subis, je ne fais que me défendre.

Cette lutte, tous les amis de la justice la regrettent, et les magistrats les plus éminents de l'empire la déplorent. — Vous, Monsieur le Procureur général, si haut placé dans l'estime publique par vos fonctions et votre caractère, pouvez seul la faire cesser, car les Liquidateurs, simples agents de la justice administrative, sont sous votre dépendance.

§

Et enfin pourquoi persister? Hélas! nul n'ose le dire !...

Permettez-moi, Monsieur le Procureur général, de répondre à cette question, en transcrivant ici l'extrait d'une lettre que j'ai adressée, il y a peu de jours, le 6 de ce mois, à un grand personnage du gouvernement de l'Empereur. — Mon langage est tout aussi bien à l'adresse de la magistrature qu'à celle des hommes politiques.

Voici cet extrait :

« Pourquoi persister dans une voie fâcheuse à tant de titres, et » qui aggrave chaque jour le mal qu'on a fait?

» Pourquoi? — Disons-le. — Parce qu'ayant conservé mon crédit, » le rétablissement de ma position financière est certain si l'on me » rend la liberté, c'est-à-dire si l'on met un terme à la persécu- » tion confiée aux deux auxiliaires de la justice qui sont chez moi » contre ma volonté, contre la volonté de tous les intéressés et au » mépris de l'arrêt souverain de la Cour de Douai.

» Par ma liberté d'action, on me voit de nouveau dans de grandes » affaires, et ne pouvant supposer que j'oublie les torts dont j'ai » été victime, on craint l'influence que je pourrais conquérir, et les » forces dont je disposerais.

» Me venger! J'ai autre chose à faire, Monsieur, et je suis pleine- » ment dégagé du sentiment de la vengeance, par la raison qu'il » est déjà satisfait.

» De qui voudrais-je me venger?

» De M. de Pontalba et de ses acolytes?

» De quelques obcurs individus engraissés de mes dépouilles? —
» Je ne veux rien leur reprendre. Ce qu'ils m'ont fait payer si cher,
» est sans prix. Ils m'ont mis en possession de l'estime publique,
» toujours si difficile aux parvenus.

» On contestait ma probité, la loyauté de mes affaires, l'honorabilité
» de ma famille, mon passé était, disait-on, honteux!...

» Calomnies et préventions, tout a disparu; je n'ai donc perdu
» que ma fortune!

» Ma fortune! Je saurai la refaire dès que l'on me rendra la liberté
» de travailler; cela me sera aussi facile que de retrouver le capital de
» mes actionnaires et, ce dernier but accompli, je suis plutôt tenté de
» bénir que de maudire ma catastrophe; car, sans elle, je n'aurais ja-
» mais pu anéantir complétement les diffamations de toute sortes
» enfantées par la jalousie et la malveillance.

» En vous exposant avec sincérité la véritable situation de mon
» esprit, je crois vous avoir démontré que toute cause d'irritabilité
» disparaîtrait, si je voyais cesser la persécution qui ne me donne au-
» cun répit depuis plus de cinq ans!... »

Je n'ai rien à ajouter à ces paroles, elles expriment mes pensées les plus intimes, puissent-elles exercer une heureuse influence sur votre esprit et vous déterminer à clore ces débats, d'une façon équitable; c'est mon vœu le plus cher.

Veuillez agréer l'expression des sentiments respectueux avec lesquels j'ai l'honneur d'être,

Monsieur le Procureur général,

Votre très-humble et très-obéissant serviteur.

J. MIRÈS.

Paris, le 15 février 1866.

Paris. — Imp. VALLÉE, 15, rue Breda.

www.ingramcontent.com/pod-product-compliance
Ingram Content Group UK Ltd.
Pitfield, Milton Keynes, MK11 3LW, UK
UKHW020502220726
13923UKWH00006B/2713